BEI GRIN MACHT SICH IHR WISSEN BEZAHLT

eGovernment. Digitalisierungsstrategie für Kommunen in der öffentlichen Verwaltung

Akil Gündüz

Bibliografische Information der Deutschen Nationalbibliothek:

Die Deutsche Nationalbibliothek verzeichnet diese Publikation in der Deutschen Nationalbibliografie; detaillierte bibliografische Daten sind im Internet über http://dnb.d-nb.de abrufbar.

ISBN: 9783346852687
Dieses Buch ist auch als E-Book erhältlich.

© GRIN Publishing GmbH
Nymphenburger Straße 86
80636 München

Druck und Bindung: Books on Demand GmbH, Norderstedt Germany
Gedruckt auf säurefreiem Papier aus verantwortungsvollen Quellen

Das Buch bei GRIN: https://www.grin.com/document/1347254

Seminararbeit

Digitalisierungsstrategie für Kommunen in der öffentlichen Verwaltung

Digitization strategy for municipalities in public

Administration

Akil Gündüz

Wirtschaftsinformatik

Zusammenfassung

Die Digitalisierung ist ein unumgänglicher Prozess, welches von Tag zu Tag mehr an Bedeutung gewinnt. Während in der Gesellschaft die Nutzung von Technologie nicht mehr zu bremsen ist, zeigen kommunale Verwaltungsstellen nicht die selbe Wirkung. Zugleich ist diese Wirkung bei Kommunen und Gemeinden noch kleiner. Dementsprechend werden Lösungsansätze erläutert, inwiefern eine Digitalisierungsstrategie aufgestellt werden kann, welche diese Herausforderung angehen kann.

Da öffentliche Sektoren auf Rechtsgrundlagen und der Gesetzgebung fundieren, ist eine Digitalisierung nicht wie bei einem Unternehmen durchzuführen. Diese soll der Verwaltung keine Wertschöpfungssteigerung bieten, sondern eher der Bevölkerung die Möglichkeit geben, ihren Alltag lebenswerter zu gestalten. Somit muss eine potentielle Digitalisierung auf den Menschen aufgebaut werden und gut durchdacht sein. Diese Digitalisierungsstrategie kann als Beispiel auf vier Säulen aufbauen, welche die strategische Anlehnung, den Aufbau, die Ressourcen und die Themenfelder beschreibt. All diese Bereiche werden spezifisch erläutert und dargestellt, wie eine erfolgreiche Digitalisierung stattfinden kann.

Eine auf Kommunen aufbauende Digitalisierungsstrategie wird dargestellt, welche durch die vier Säulen erläutert wird. Hierbei können Anlehnungen auf übergeordnete Gesetze hilfreich sein und bauen somit ein Fundament für eine vereinheitlichte Digitalisierung. Des weiteren stellen Kommunen nicht die selben Bedürfnisse wie Großstädte dar. Sie haben teils kleinere Budgets oder geringere Einwohnerzahlen, wodurch die Planung detaillierter und genauer ablaufen muss. Außerdem können Systeme mithilfe von Unternehmenskooperationen eingesetzt werden, welche bundesweit eingesetzt werden und somit die Systeme vereinheitlichen. Das führt zu einer einfachen Nutzung. Mithilfe dieser Strategie kann ein System eingeführt werden, welches sich "OneBehörde" nennt. In diesem sind alle Verwaltungsdienstleister unter einem Dach und können von hier besucht werden.

Hierbei ist es aber wichtig herauszufinden, was genau die Bevölkerung möchte, ob es genug IT-Fachkräfte gibt und ob es wirtschaftlich und technisch möglich ist, die Digitalisierungsstrategie anzuwenden. Dennoch nutzen viele andere Städte schon erste Digitalisierungsprojekte und stellen ihre Ergebnisse dar. Somit ist es wichtig klar festzustellen, was genau für eine Digitalisierung notwendig ist und was von der Bevölkerung erwartet wird.

Stichworte: *Digitalisierung, digitale Transformation, Kommunen, öffentliche Verwaltung Digitalisierungsstrategie, IT, Stichwort, Kooperation, New Work*

Abstract

Die vorliegende Seminararbeit erläutert eine Digitalisierungsstrategie der öffentlichen Verwaltung für Kommunen. Diese wird mithilfe der Grundlagen zum öffentlichen Sektor, als auch Grundlagen zu einer Digitalisierungsstrategie erläutert. Außerdem wird der Lösungsansatz anhand einer systematischen Literaturrecherche erläutert und eine Digitalisierungsstrategie vorgestellt. Diese wird letzteres reflektiert und mit anderen Digitalisierungsstrategien in Vergleich gesetzt. Außerdem wird eine Zusammenfassung dargestellt mit Ausblick auf die Zukunft.

Keywords: *Digitalisierungsstrategie, Digitalisierung, digitale Transformation, Kommune, Gemeinde, öffentlicher Sektor, Verwaltung*

Inhaltsverzeichnis

Abkürzungsverzeichnis

EU	Europäische Union
IoT	Internet of Things
IT	Informationstechnologie
KI	Künstliche Intelligenz
NFC	Near-Field-Communication
OZG	Onlinezugangsgesetz
QR	quick response

1 Einleitung

1.1 Motivation

Die heutige Gesellschaft ist ohne digitalen Einfluss nicht mehr zu erdenken. In jeder Hinsicht schaffen Informationstechnologien einen großen Teil des Alltages und wachsen in einem rasanten Tempo, weitere Teile des Alltages einzunehmen. So wird das Busticket vom kleinen Zettel zu einem QR-Code, oder aber auch Präsenzvorträge über Kamera und Mikrofon digital gehalten. Solche Einflüsse in den Alltagen führen dazu, dass Bürgerinnen und Bürger weitere Prozesse ihres Alltages zu digitalisieren, um Diese komfortabler zu gestalten. Doch eine alleinige Umstellung von privaten Prozessen des Alltages ist teils nicht ausreichend. Ein Fundament an digitalen Ressourcen muss gegeben sein, damit die Umstellung als auch die Nutzung von digitalen Prozessen, möglich ist. Hierfür müssen flächendeckend Internetzugang gewährleistet sein, oder ein Wissensstand für Informationstechnologien gewährleistet sein, damit es zu keinem Ausschluss von Zielgruppen kommt. In diesem Fall kann die Regierung einen großen Einfluss spielen, um eine erfolgreiche Digitalisierung zu fördern um auch selber davon zu profitieren. Die Digitalisierung schafft eine große Wirkung für die Lebenssituation aller Beteiligten. Deshalb investiert die Bundesregierung große Summen für die Entwicklung der Digitalisierung und erhofft sich einen starken Mehrwert (Bundesregierung, 2021). Ein Fundament in diesem Bereich ist die interne Verwaltung von Regierungsstellen, wie Behörden oder Ähnlichem. Sie sind die erste Anlaufstelle der Bürgerinnen und Bürger, falls es zu Klärungsbedarf für staatliche Angelegenheiten kommt. Allerdings gibt es aufgrund mangelnder Entwicklung vielerlei Probleme, welche mit einfachster Umstellung auf digitale Wege gelöst werden könnten. Von der Terminvergabe in Behörden, bis hin zur Antragstellung müssen viele Prozesse weiterhin in Präsenz durchgeführt werden, welche durch digitale Lösungen in wenigen Minuten gelöst werden könnten. Im Vergleich zu anderen EU-Ländern ist Deutschland eher im mittleren Bereich, was die Digitalisierung angeht (Statista, 2022). Dementsprechend ist hier eine klare Gelegenheit eine Menge anzupassen, um solche Probleme auch fortan zu lösen. Dies ist auch der Bundesregierung bekannt. Dadurch wurden mehrere Projekte ins Leben gerufen um damit interne Verwaltungsprozesse digitaler zu gestalten. Bis Ende 2022 müssen Bund, Länder und Kommunen ihre Dienstleistungen auch digital anbieten (Institut für den öffentlichen Sektor e.V., 2021, S. 6-7). Dadurch entstehen nicht nur neue Möglichkeiten für die Bürgerinnen und Bürger, sondern auch neue Nachfrage an Fachkräften, Kosten und vielem mehr. Dabei entstehen unzählige Möglichkeiten, welche nicht nur von Seitens der Regierung kommt, sondern auch von privaten Instanzen.

Somit ist die Motivation für diese Seminararbeit, Lösungsansätze und Ideen für eine verwaltungsinterne Digitalisierung zu finden, welche einen Mehrwert für Bürgerinnen und Bürger, aber auch für Bund, Land und Kommune schafft.

1.2   Problemstellung und Aufbau

Eine erfolgreiche Digitalisierung wird nur erreicht, wenn alle Parteien miteinander harmonieren. Dabei ist eine gute Infrastruktur nicht wegzudenken. Die IT-Infrastruktur ist essenziell für ein reibungsloses Prozedere. Systemausfälle müssen so gut es geht verhindert werden und vor jeglichen Sicherheitsrisiken geschützt werden, da hier mit wichtigen, sensiblen und privaten Daten der Bürgerinnen und Bürger gearbeitet wird. Außerdem ist eine Schulung der Nutzerinnen und Nutzer für diese IT-Infrastruktur notwendig, damit sie nicht, aufgrund mangelnder Kenntnisse, Diese nicht nutzen können. Dadurch kann es dazu führen, dass die eigentliche Effizienz, die mit einer Digitalisierung kommt, nicht erreicht werden kann und nur noch weitere Probleme geschaffen werden können. Es ist also wichtig nachzuvollziehen, dass die Nutzung der IT, die Beschaffung der IT als auch der Nutzen dieser IT mehrere Probleme schaffen können. Außerdem ist nicht jeder Prozess, der keine Digitalisierung nutzt, gleich Digitalisierungsbedürftig. Teilweise können ältere Prozeduren rechtlich oder auch technisch noch nicht digitalisiert werden und können somit erst nur mit IT unterstützt werden, statt komplett erneuert werden (Plattner, 2021, S. 3). Außerdem kommt die Umsetzung solcher Digitalisierungsprojekten mit einem hohen Preis. Letztlich müssen die Instanzen, die solche Projekte subventionieren, auch gut überzeugt werden, da diese Projekte auch wieder schnell gestrichen werden (Der Tagesspiegel, 2022). Außerdem müssen die Investments, die in der Digitalisierung getätigt werden, sich auch wieder zurückgewinnen lassen. Ein Mehrwert muss entstehen. Dieses ist auch die Problemstellung. Ziel ist es also, eine Lösung, beziehungsweise eine Strategie zu finden oder zu erstellen, welche sowohl einen Mehrwert für die Bürgerinnen und Bürger als auch für die Investoren, Regierung als auch Bund und Land schafft. Hierbei werden auch die Grundlagen der allgemeinen Digitalisierung eingegangen. Die Grundlagen sollen definieren, welche Strategien schon eingesetzt werden, welche Voraussetzungen gegeben sind und welche Ansätze genommen werden, um eine erfolgreiche Digitalisierungsstrategie zu finden. Somit wird eine Strategie geformt, welche Kommunen oder auch Gemeinden eine Unterstützung sein soll, um eine Digitalisierung voranzutreiben. Hierbei werden auf die Voraussetzungen von Kommunen eingegangen und diese wahrgenommen, damit sie individuell auf sie angepasst sind. Um solch eine Strategie formen zu können, wird als Lösungsansatz eine strukturelle Literaturrecherche vorgenommen, welche dazu dienen soll, einen ausführlichen Wissensstand zu gewährleisten, um eine realisierbare und sinnvolle Strategie zu entwickeln. Letzteres wird diese Strategie reflektiert und in Bezug zu anderen Strategien gestellt, um darzustellen, wie effektiv die entwickelte Strategie ist. Es ist also zu erwähnen, dass in der folgenden Seminararbeit eine Digitalisierungsstrategie entwickelt wird, welche Kommunen und Gemeinden dabei unterstützen soll, interne Verwaltungsprozesse zu digitalisieren. Dabei wird aufgrund der Problemstellung darauf geachtet, dass sie kommunengerecht ist, realisierbar und auch einen Mehrwert für die Bürgerinnen und Bürger, als auch für die Regierung schafft.

2   Grundlagen

2.1   Grundlagen der Digitalisierung im öffentlichen Sektor

Behörden sind ein Grundbaustein der reibungslosen Administration einer Gemeinde, Land oder dem Bund. Sie sind dafür zuständig, dass die Bürgerinnen und Bürger jegliche regierungstechnischen Tätigkeiten erledigt bekommen und dienen als Schnittstelle zwischen Bevölkerung und Regierung. Ihre Tätigkeiten und ihr Stellenwert sind nicht wegzudenken. Daher stehen sie als eine Art Monopol in ihrer Tätigkeit dar. Sie sind nicht zu vergleichen mit Unternehmen, haben dementsprechend auch keine Geschäftsmodelle und dienen dazu, dem Volk Unterstützung zu geben. Aufgrund dieser Tatsache ist es auch somit nicht einfach eine Strategie nach einem Geschäftsziel für die Verwaltung zu entwickeln. Eine Digitalisierungsstrategie schafft keine Wertschöpfungssteigerung, da die Verwaltung generell keine Wertschöpfung hat (Streicher, 2020, S. 4). Somit muss bei der Digitalisierungsstrategie für Verwaltungsprozesse anders angegangen werden. Die hauptsächliche Tätigkeit von öffentlichen Verwaltungsstellen ist es den Bürgerinnen und Bürgern, oder aber auch Unternehmen, einen Service zu bieten, welche ihnen in einer bestimmten Tätigkeit helfen soll, oder aber auch einen Nutzen vom öffentlichen Sektor bieten soll. Es geht darum, dass der Mensch eine Tätigkeit erfüllt, wobei die öffentliche Verwaltung nur die Instanz in der Mitte zwischen Gesellschaft und Regierung steht (Streicher, 2020, S. 8). Hierbei ist also zu achten, dass am Ende die Nutzer des Services, also Bürgerinnen und Bürger, bei einer potenziellen digitalen Transformation der Verwaltung, einen auf sie angepasste Umstellung bekommen. Außerdem ist eine Digitalisierung auf öffentlichen Sektoren nicht vergleichbar umzusetzen wie bei Unternehmen. Da der öffentliche Sektor auf Basis von gesetzlichen Grundlagen aufgebaut ist, müssen viele Digitalisierungsprojekte erst auf die Rechtsgrundlagen aufgebaut sein. Die Mitarbeitenden, welche dann für die IT zuständig wäre, muss nicht nur die technischen Kenntnisse vorweisen, sondern auch Kenntnisse für die Rechtslage besitzen, um jene Digitalisierung optimal umzusetzen. Des weiteren müssen die Mitarbeitenden der Verwaltung, welche schon vor der digitalen Transformation dort tätig waren, nicht nur auf die kommende IT-Infrastruktur abgeholt werden. Die komplette Arbeitsorganisation könnte sich aufgrund der IT-Infrastruktur komplett ändern. Neue Arbeitsmodelle, wie das Home-Office Konzept, könnten entstehen (Streicher, 2020, S. 6), wodurch der Service der Verwaltung nicht mehr nach bestimmten Öffnungszeiten läuft, sondern eventuell jederzeit erreichbar sein könnte. Somit müssten sich die Mitarbeitenden auch auf diese Umstellung vorbereiten und die Hierarchie würde sich anpassen. Letzteres würden durch die IT-Infrastruktur auch die Räumlichkeiten sich ändern. Dokumente, welche Jahrzehnte lang sich vor Ort befinden, könnten nun in eine Cloud wandern, wodurch sie allzeit und von überall erreichbar wären, was die Zugänglichkeit nicht nur für die Bürgerinnen und Bürger ändert, sondern nicht mehr abhängig von einem Ort ist (Streicher, 2020, S. 7). Eine Digitalisierung der Verwaltung ist in jeglicher Hinsicht möglich, erfordert aber eine Menge Organisation und einen klaren Plan. Sie muss außerdem an einer Rechtsgrundlage entlang entwickelt werden, da sie ein öffentlicher Sektor ist und abhängig von der Legislative ist.

2.2   Grundlagen einer Digitalisierungsstrategie

Jedes Unternehmen arbeitet nach einer Organisationsstrategie, welche Unternehmensziele definiert, Visionen darstellt und einen Weg beschreibt, wie diese Ziele erreicht werden sollen. Mithilfe unterschiedlicher Ressourcen können diese Ziele vereinfacht erreicht werden. Als Unterstützung wird oftmals eine IT-Strategie verwendet, die mit moderner Technologie die Organisationsstrategie unterstützt, ihre klassischen Unternehmensziele zu erreichen (Niehaves et al.,2019, S. 428). Was aktuell aber der Fokus vieler Instanzen ist, ist es nicht nur die Unternehmensziele mithilfe von IT zu erreichen, sondern diese Ziele zu übertreffen und dadurch auch eine Wertschöpfungssteigerung zu erreichen. Hierbei ist die digitale Organisationsstrategie gemeint. Diese ist erreichbar durch eine effektive und effiziente Digitalisierungsstrategie. Auch Städte und Länder versuchen mithilfe dieser Strategien einen Vorteil für sich und ihre Bürgerinnen und Bürger zu schaffen. Die Stadt Hamburg hat es im Jahre 2021 auf den ersten Platz des Smart City Indexes geschafft (Freie und Hansestadt Hamburg, 2021). Dies zeigt, wie durch eine langfristige digitale Transformation, die Stadt lebenswerter und wirtschaftlich stärker wird. Dabei fokussierten sie sich auf die Bereiche Verwaltung, Gesellschaft, Umwelt, Mobilität und IT-Infrastruktur. Somit sollte im Vorfeld schon klar sein, was genau eine Digitalisierung nun erzielen soll. Hierbei kann man im Beispiel einer digitalen Transformation im öffentlichen Sektor folgende Bereiche in Anbetracht ziehen. Ein Grund für eine Digitale Transformation sollte klar definiert sein. Hier kann man auf interne und externe Faktoren unterscheiden, wie beispielsweise politische Gründe, technologischer Fortschritt oder organisatorischer Vorteil in der Verwaltung. Außerdem sollte klar definiert sein, welche Objekte bei der Transformation angepasst werden. Hierbei können Dienstleistungen, angebotene Produkte aber auch Kundenbeziehungen oder Prozesse transformiert werden. Prozesse im Allgemeinen definieren dann nur noch inwiefern diese digitalisiert werden und welche Maßnahmen hierfür getroffen werden. Letzteres ist dann nur noch darzustellen, wie die Ergebnisse der Transformation lauten und inwiefern man diese Digitalisierung noch ausbauen kann (Mergel et al., 2019, S. 7). Hierbei spielt nicht nur die eingesetzte IT-Infrastruktur eine große Rolle, sondern mithilfe von der IT-Infrastruktur verschiedene Bereiche der Gesellschaft lebenswerter zu gestalten und effektiv bessere Ergebnisse zu erhalten. Somit kann eine erfolgreiche Digitalisierungsstrategie in vier Kategorien untergeordnet werden: Strategic Alignment, Strategy Formation, Core Themen und Field of Action (Niehaves et al.,2019, S. 431). Der Begriff Strategic Alignment beschreibt, ob sich eine Digitalisierungsstrategie an einer übergeordneten Strategie oder Richtlinie anpasst. Damit die Strategie effektiv ist, muss sie an anderen Richtlinien oder Strategien angepasst sein, wie beispielsweise dem Onlinezugangsgesetz, OZG. Das OZG ist eine Initiative des Bundesministeriums des Inneren und für Heimat, welche Bund, Land und Gemeinde dazu verpflichtet, ihre

Verwaltungsdienstleistungen bis Ende 2022 zu digitalisieren und diese digital anzubieten (Bundesministerium des Innern und für Heimat, 2022). Außerdem ist es wichtig zu beschreiben, welche Ziele und Visionen durch die digitale Transformation zu erreichen sind. Dies beschreibt die Kategorie Strategy Formulation. Es ist notwendig, eine Zeitlinie mit Zielen festzulegen und Ergebnisse darzustellen, damit die Ziele und dessen Umsetzung ständig angepasst werden können (Niehaves et al.,2019, S. 431). Die Kategorie Core Themes beschreibt dann, dass nicht nur die IT-Infrastruktur einen Fokus bekommt, sondern alle anderen wichtigen Bereiche der Gesellschaft auch. Somit soll es sich um den Menschen drehen, seine Bedürfnisse in Anbetracht gezogen werden und das Leben im generellen lebenswerter, mit Hilfe von IT, gestaltet werden (Niehaves et al.,2019, S. 431-432). Letzteres beschreibt die Kategorie Field of Action nur noch, dass die Digitalisierung nicht nur die Regierung und Administration anpasst, sondern sich alle Felder rundum die Administration auch anpassen müssen. Eine digitale Transformation soll dafür sorgen, dass alle Felder in der Gesellschaft sich miteinander vernetzen, um Nachhaltigkeit, Vernetzung und Kooperation zu fördern. Sie soll außerdem dazu führen, dass der Mensch im Mittelpunkt steht, große Kompetenzen entwickelt werden und im generellen die Zusammenarbeit gefördert wird (Niehaves et al.,2019, S. 432). Sobald der Mensch im Mittelpunkt steht, ist es dementsprechend auch notwendig, dass sie gefördert werden, um mit der Digitalisierung auch zurechtkommen. Eine wichtige Rolle für diese Umsetzung ist das Nutzen der neuen Technologien. Bei einer digitalen Transformation besteht die Möglichkeit, neue Felder der technologischen Möglichkeiten zu betreten, oder auf bestehende, sich schon etablierten Technologien, zu widmen. Hierbei hat die sich transformierende Instanz zu entscheiden, ob sie eher ein Marktführer der Technologie sein möchte, oder eine Effizienz in der Produktivität schaffen möchte (Matt et al.,2015, S. 340). Außerdem ist es wichtig zu schauen, inwiefern nun die eingesetzte IT von den Mitarbeitenden und den Bürgerinnen und Bürgern dann genutzt wird. Die Gefahr besteht, dass es hierbei zu einem Problem kommen kann, wo Personen eventuell keinen Internetzugang haben, oder sogar von öffentlichen Dienstleistungen ausgeschlossen werden können, wenn diese nicht in der Lage sind, mit der neuen digitalen Transformation umzugehen. Hinzuzufügen ist auch, dass durch das Ersetzen von bestimmten Bereichen durch IT es zu technischen Missgeschicken kommen kann, Sicherheitslücken aber auch keinen direkten Einfluss auf bestimmte Entscheidungen (Plattner, 2021, S. 3). Hierbei ist es also wichtig, bei der Digitalisierungsstrategie auch zu betrachten, die Menschen und die Nutzer auf kommende Änderungen vorzubereiten und diese auch mit der IT vertraut zu machen. Als Vergleich dient hierbei die Stadt Singapur, welche ein großes Digitalisierungsprojekt umsetzt und ihre Bürgerinnen und Bürger mithilfe von Workshops, Kursen oder Projekten auf die Transformation vorbereitet (Smart Nation Singapore, 2022). Letzteres ist zu erwähnen, dass es keine generelle Regel für eine Digitalisierungsstrategie gibt. Es ist wichtig zu schauen, inwiefern eine digitale Transformation die Umstände, Ziele und Visionen der Auszuführenden beeinträchtig und wirtschaftlich lohnend ist. Übergeordnete Gesetze müssen eingehalten werden und idealerweise an einer überstehenden Strategie mitentwickelt werden.

3   Lösungsansatz

Um eine Lösung zu finden, welche eine Digitalisierungsstrategie darstellen soll, ist es wichtig gewesen, Literatur zu finden, welche digitale Transformationen beschreibt und erläutert. Hierbei wurde die systematische Literaturrecherche verwendet, Literatur zu finden, welche dem Themengebiet passt. Hierbei wurde zu aller erst ein Ziel gesetzt, welches mit der systematischen Literaturrecherche erreicht werden soll. Notwendig war es, Literatur zu finden, welche auf Digitalisierung im öffentlichen Sektor spezialisiert war. Diese sollte beschreiben, inwiefern eine Digitalisierung in der Verwaltung möglich ist und umsetzbar wäre. Außerdem war es von Wichtigkeit, dass diese auf Gemeinden und Kommunen abgestimmt ist, da die im folgenden beschriebene Digitalisierungsstrategie für Gemeinden und Kommunen dargelegt wurde. Da es eine Menge Literatur für diese Sektoren gibt, wurde die Suche nach optimalen Werken für diese Recherche eingegrenzt. Wichtig war es, dass die Literatur größtenteils aus wissenschaftlichen Werken besteht. Außerdem war es wichtig, dass diese Werke nicht älter als 2015 sind, da die digitale Transformation im öffentlichen Sektor ein relativ aktuelles Thema ist und schon mehrere Projekte gestartet wurden. Eine weitere Voraussetzung war es, dass die beschriebenen Szenarien alle in Deutschland sind, da es zu Unstimmigkeiten führen kann, falls es sich um ein anderes Land oder eine andere Region handelt. Letzteres war es auch wichtig, dass diese Werke eine neutrale Haltung zur Digitalisierung haben, da es eine Strategie erläutern soll und nicht als Werbezweck dienen soll.

Mit diesen Vorraussetzungen wurden Datenbanken und Suchmaschinen genutzt, um die gewünschten Werke finden zu können. Dabei wurde einerseits die Suchmaschine Google Scholar genutzt, welche dabei behilflich ist, wissenschaftliche Literatur zu finden. Außerdem wurde die hauseigene Suchmaschine der Leuphana Universität Lüneburg "LUX" verwendet. Hier wurden gezielt Begriffe und Stichpunkte ausgesucht, welche die Suche erleichtern sollten um gezielte Werke für die Recherche zu finden. Als Begriffe wurden verwendet "digitale Transformation", "Digitalisierung", "Gemeinden", "Kommunen", "Verwaltung" und "öffentlicher Sektor". Anhand dieser Begriffe und der Suchfunktion von LUX, in der man mehrere Begriffe und Stichpunkte in sogenannte Suchstrings kombinieren kann, wurde gezielt nach Werken gesucht, welche eine Digitalisierung in der Verwaltung in Kommunen und Gemeinden beschreibt. Nach mehrfacher Recherche wurden diese Suchstrings dann immer wieder angepasst. Hierbei wurde Literatur gefunden für die Grundlagen der Digitalisierung, des öffentlichen Sektors, aber auch von Digitalisierungsstrategien für Kommunen und Gemeinden. Außerdem wurde Literatur gefunden, die eine Umfrage getätigt haben, welche Möglichkeiten einer Digitalisierung recherchiert haben. Nach kontinuierlicher Suche und Recherche wurden viele Werke gefunden.

Dabei entstanden allerdings einige Herausforderungen, welche die systematische Literaturrecherche erschwert hat. Teilweise waren einige Werke veraltet, nicht verfügbar oder auf Deutschland abgestimmt. Da die Digitalisierung ein Konzept ist, welches nicht unbedingt an Land oder Region abhängig ist, sollte dies in erster Linie keine Herausforderung darstellen. Im falle des öffentlichen Sektors allerdings, tauchen Herausforderungen auf, welche durch die hierzulande geltende Rechtsgrundlage oder der Gesetzgebung entsteht. Eine weitere Herausforderung bei der Recherche war es, dass das Thema relativ aktuell ist und somit spezifische Werke im Bereich des öffentlichen Sektors in Kommunen nicht all zu viele Werke wie für Großstädte oder Länder existiert. Das führte dazu, dass die Literatur, welche genutzt wurde, oftmals identisch wurde und dadurch tiefgründigere Kenntnisse nicht erlernt wurden. Außerdem führte dies auch zu Unstimmigkeiten. Anhand der Literaturrecherche wurde klar, dass es aktuell ein großes Thema ist, die digitale Transformation voranzutreiben. Auch in der Verwaltung und der Administration ist die Digitalisierung ein sehr aktuelles Thema. Dennoch gibt es in Deutschland zu wenig Praxisbeispiele, was sich allerdings in den nächsten Jahren definitiv ändern könnte.

Um die fehlenden Kenntnisse zu ergänzen, wurde die Literaturrecherche so angepasst, dass nicht nach Werken gesucht wurde, welche die Digitalisierung in öffentlichen Sektoren in Kommunen und Gemeinden erläutert, sondern diese Bereiche wurden separiert und einzeln nach ihnen gesucht. Dadurch wurden Suchstrings, wie die Digitalisierung in öffentlichen Sektoren gesucht, oder aber auch Digitalisierung in Kommunen. Das Resultat dieser Suche stellte dar, dass es wesentlich mehr Werke zu den einzelnen Themenbereichen gab, als bei der vorherigen Recherche. Mithilfe der angepassten Literaturrecherche kamen auch neue Stichpunkte und Begriffe, mit welcher die Suche noch stärker definiert wurde. Somit wurden dann auch die Begriffe "IT-Strategie", "digitale Organisationsstrategie", "Smart City", "New Work" aber auch "Digitalisierungsstrategie" genutzt, um die Suche zu definieren. Hierbei war es wichtig, nicht nur eine allgemeine Lösung für eine Digitalisierungsstrategie zu finden, sondern auch zu schauen, wie klassische Tätigkeiten, durch digitale Transformationen geändert werden und wie sie am besten gemeistert werden können. Auch wurden größere Digitalisierungsprojekte, wie Smart Citys, genauer angeschaut, um zu realisieren, inwiefern eine Stadt zu solch einer Fassung gelangen kann.

Schließlich wurden mithilfe dieser Werke eine Recherche durchgeführt um letztlich eine Digitalisierungsstrategie zu entwickeln, welche für Kommunen und Gemeinden geeignet ist. Hierbei wurde in Anbetracht gezogen, wie eine Digitalisierungsstrategie im allgemeinen aussieht, welche übergeordnete Rechtsgrundlage für die öffentliche Verwaltung existiert und wie diese in Kommunen effizient und effektiv umgesetzt werden kann.

4   Hauptteil

Anhand der in den Grundlagen beschrieben Digitalisierungsstrategie wird im folgenden eine Strategie für eine Kommune entworfen, in der die Verwaltung eine digitale Transformation erleben könnte. Ziel dieser digitalen Transformation ist es, einen Mehrwert für alle Beteiligten zu schaffen. Im Mittelpunkt soll der Mensch stehen, wodurch die digitalisierte Verwaltung ein Fundament bildet, für weitere Digitalisierungsprojekte, welche die Kommunen und Gemeinden zu einer lebenswerteren, nachhaltigeren und vernetztem Ort macht. Somit wird wie nach Niehaves et al. (2019) beschrieben, die Digitalisierungsstrategien nach den vier Säulen "Strategic Alignment", "Strategy Formation", "Core Themen" und "Field of Action" bestehen.

4.1   Strategische Ausrichtung

Ein Digitalisierungsprojekt zu starten, erfordert eine Menge Planung und Koordination. Somit wäre eine Ausrichtung an vorhandenen Projekten oder Gesetzen von Vorteil und teilweise auch notwendig (Niehaves et al.,2019, S. 431). Mithilfe einer Ausrichtung an einer übergeordneten Strategie werden Möglichkeiten geschaffen, die Digitalisierung nicht nur in der Kommune zu verbreiten, sondern regional zu vereinheitlichen, so dass die Nutzerfreundlichkeit über das ganze Land verteilt, erhalten bleibt. Da es in Deutschland nicht "die eine Verwaltung" gibt (Jakob & Krcmar, 2018, S. 142), ist es somit nicht möglich, eine Instanz zu ändern, um in allen Regionen Deutschlands die Digitalisierung voranzutreiben. Es ist also notwendig, bis zur Kommune runterzugehen, um dort aktiv eine Digitalisierung anzusteuern. Um dies aber so vereinheitlicht wie möglich zu gestalten, damit die Administration und Verwaltung mit den Bürgerinnen und Bürgern kommunizieren kann, wurde von der Regierung der Bundesrepublik mehrere Initiativen, aber auch Gesetze entworfen, welche einzelne Verwaltungsinstanzen dazu fordern, eine Digitalisierungsstrategie nach einem bestimmten Schema zu entwerfen. Einer dieser Initiativen ist das Onlinezugangsgesetz OZG. Das OZG legt fest, dass bis Ende 2022 alle Verwaltungsinstanzen im Lande ein digitales Portal anbieten. Somit ist die Digitalisierung der Verwaltung eine "gesamtstaatliche Aufgabe" (Stember et al., 2021, S. 30). Außerdem führt das OZG die Verwaltungen dazu, die Digitalisierungsumsetzung nutzerorientiert zu gestalten. Als Beispiel hierfür wäre das Lern-Labor der Stadt Eltville, genannt "Eltville.LAB (Vogel et al., 2017, S. 17-18). In diesem Lern-Labor werden neue Arbeitsplätze geschaffen, die kreativen Cafés ähneln, angenehme Atmosphären bieten, aber auch feste Ansprechpersonen, welche für Fragen und Anliegen jederzeit verfügbar sind. Durch solche Mittel gelingt es speziell Kommunen, ihre Bevölkerung auf eine digitale Zukunft vorzubereiten und sie direkt in ihre Projekte miteinzubinden. Weiteres bindet das OZG die einzelnen Verwaltungen dazu, mehr und mehr zusammen zu arbeiten mit verschiedenen Städten und Kommunen, um so ihre Strategien weiter zu optimieren und um das Erlebnis für die Bürgerinnen und Bürger zu stärken. Außerdem soll durch das OZG nicht nur klassische Arbeitsprozesse digitalisiert werden, sondern letztendlich sogar vollautomatisiert werden, um sich so stärker auf die Anliegen der Bürgerinnen und Bürger zu konzentrieren (Stember et al., 2021, S. 31). Um auch diese Möglichkeiten flächendeckend anbieten zu können veröffentlichte das Bundesministerium des Inneren für Heimat auch die Initiative "Einer für Alle" (Stember et al., 2021, S. 31-32). Mit Hilfe von diesem Projekt sollen Städte, Länder und Kommunen ihre erarbeiteten Lösungen miteinander teilen können, um so wirtschaftlich oder technisch schwächeren Gebieten und Regionen dennoch einen Vorteil schaffen. Somit dient das OZG dazu, eine regionale Lösung für eine optimale Digitalisierung, auch in Gebieten, die auch wirtschaftlich oder technisch kleiner aufgestellt sind als andere Orte. Das OZG und die Initiative "Einer für Alle" ist eine hervorragende Möglichkeit für Kommunen, eine Digitalisierungsstrategie aufzubauen, da sie hier Zusammenarbeit fördern und auch von anderen Städten oder auch Kommunen lernen können. Somit ist diese Digitalisierungsstrategie auch an das OZG angelehnt.

4.2 Strategieaufbau

Nachdem geklärt wurde, nach welchem Fundament die Digitalisierungsstrategie angelehnt ist, ist es nun von Relevanz, inwiefern sie aufgebaut werden soll und welche Ziele diese darstellen soll. Wichtig für die Zielsetzung ist es, einen genauen Fahrplan darstellen zu können (Niehaves et al.,2019, S. 433). Dieser Fahrplan soll darstellen, welche Ziele, in welchem Zeitraum erreicht werden sollen. Dies ist nicht zu verallgemeinern, denn jede Kommune besitzt unterschiedliche Möglichkeiten mit unterschiedlichen Voraussetzungen und unterschiedlichen Bedürfnissen. Dementsprechend ist es notwendig erstmal herauszufinden, wie die Situation in der zu transformierenden Kommune ist. Hierbei kann man sich folgende Punkte anschauen. Ersteres ist es wichtig zu betrachten, ob die Kommune das notwendige Budget für eine Umsetzung der IT-Projekte besitzt. Da Kommunen kleinere Budgets als im Vergleich zu Städten besitzen, kann es eventuell sein, dass große IT-Infrastrukturen nicht umzusetzen sind, da das Budget für andere Projekte genutzt werden. Außerdem ist politisch betrachtet jedes Projekt, welches nicht verplant wurde und sehr schnell umzusetzen ist, schwieriger zu realisieren. Hier kann es dazu führen, dass das Budget der Kommunen eher für Schulen, Straßen oder anderen Bereichen der Kommune eingesetzt wird. Um dieses Problem zu kompromissvoll zu umgehen, kann man Schritt für Schritt eine Digitalisierung vornehmen, als alles auf einmal zu planen. Auch hier ist der Fahrplan von Relevanz, da dieser auch das Budget und die Zeit berücksichtigt. Außerdem kann es sein, dass die Bevölkerung gar keine Relevanz für eine Digitalisierung sieht. Speziell in kleineren Kommunen kommt es sehr selten auf längere Schlangen bei Behörden und kurzen Öffnungszeiten. Somit ist der Bedarf an öffentlichen Sektoren kleiner und damit auch zu erledigen ohne längere Wartezeiten. Letzteres ist es auch notwendig zu betrachten, die gedeckt die Kommune in IT-Fachkräften ist. Diese sind essenziell für eine stabile IT-Infrastruktur und notwendig, damit alles reibungslos funktioniert und eine ständige Weiterentwicklung fördert (Jakob & Krcmar, 2018, S. 148). Um diese Probleme zu beheben, können hier neue Arbeitsweisen, wie das remote Arbeiten, oder auch "New Work" genannt, helfen. (Vogel et al., 2017, S. 17). Mithilfe von Arbeitern aus externen Regionen bestehen Möglichkeiten, auch ohne die Personen vor Ort zu haben, die Infrastruktur zu warten und auch diese zu optimieren. Außerdem kann auch das OZG und "Einer für Alle" hier individuelle und schon vorgefertigte Lösungen anbieten, welche nach und nach in die Digitalisierung der Verwaltung eingebaut werden kann.

Somit ist für die Digitalisierungsstrategie das Anbieten von neuen Arbeitsmöglichkeiten, wie das remote Arbeiten essenziell und von Vorteil, da diese Möglichkeiten schaffen, Kommunen digital zu transformieren, auch wenn sie keine IT-Fachkräfte vor Ort haben. Außerdem wird die Kommune dadurch vereinheitlicht mit dem Rest der Region, falls die Digitalisierung früher oder später von der Bevölkerung dann doch gewünscht ist.

4.3   Ressourcen und Technologien

Für eine effektive Digitalisierungsstrategie ist neben der Ausrichtung und dem Aufbau auch eine sinnvolle Implementierung einer IT-Infrastruktur und dessen Ressourcen notwendig. Die Kosten für die Beschaffung, Wartung und Nutzung dieser Technologien kann hohe Summen betragen und ist für viele Kommunen und Gemeinden so gut wie unbezahlbar, da sie sich eher auf andere, in ihrem Falle, relevantere Projekte konzentrieren (Jakob & Krcmar, 2018, S. 147). Somit ist es wichtig in Anbetracht zu ziehen, nicht irgendeine Infrastruktur aufzubauen, sondern eine maßgeschneiderte, welche dem Fahrplan gerecht, dem Budget passend und den Bedürfnissen der Bevölkerung deckend ist. Dies bedeutet allerdings nicht, dass eine Individualsoftware oder Individuallösung für einzelne Kommunen getätigt werden muss, sondern dass die IT-Lösung aus mehreren, kleineren Produkten und Services besteht. Hier könnten kleinere KI-Projekte in Einsatz kommen, welche dem Online-Portal der Verwaltung eine Hilfestellung wäre. Mithilfe von Chatbots besteht die Möglichkeit, Bedürfnissen von Bürgerinnen und Bürgern vollautomatisiert zu verarbeiten, was den Mitarbeitenden der Verwaltung mehr Flexibilität gibt, sich Bedürfnissen der Bürgerinnen und Bürgern zu widmen, welche nicht automatisiert werden können (Streicher, 2020, S. 61-65). Außerdem soll eine Digitalisierungsstrategie die Kooperation, Vernetzung und Zusammenarbeit fördern. So können kleinere Kommunen von großen Unternehmen, welche schon Erfahrungen in diesem Sektor gemacht haben, Unterstützung erhalten. Die Firma SAP bietet beispielsweise ihre Hilfestellung der Deutschen Regierung an. Unter dem Namen "SAP Government Affairs" unterstützen sie die Regierung und den öffentlichen Dienst für die Mitgestaltung der digitalen Transformation (SAP, 2022). Diese Systeme sind dafür da, die Bürokratie beispielsweise komplett zu digitalisieren und sich vom klassischen Papierstapel zu trennen. Außerdem wäre sie unabhängig von der Örtlichkeit zugänglich, was diese Systeme verallgemeinert, neue Arbeitswege, wie beispielsweise das remote Arbeiten, unterstützt und damit nachhaltig und kooperativ ist. Durch die Verallgemeinerung ihrer Ressourcen und Technologien, schaffen es Bund, Land und Kommune über ihre Systeme besser zu kooperieren und sind aufeinander abgestimmt. Auch die Firma IBM bietet Lösungen für den öffentlichen Sektor an. Diese bieten nicht nur Infrastrukturen an, welche jegliche Bereiche einer Region unterstützen soll, sondern auch Workshops, Kurse und auch Praxisbeispiele, inwiefern man digitale Lösungen für den öffentlichen Sektor einbringen kann (IBM, 2022). Als wichtiger Punkt für eine Digitalisierungsstrategie ist also nicht nur die Struktur und der Aufbau, sondern auch die Nutzung und Implementierung richtiger und effektiver IT-Infrastruktur. Sie muss nutzerfreundlich sein, angepasst an die Rechtsgrundlage, risikosicher und auch vereinheitlicht mit dem Rest der Region. Somit wäre solch eine Kooperation mit SAP oder IBM ein gutes Beispiel, wie man vereinheitliche Systeme und Infrastrukturen einbinden kann, um eine digitale Transformation zu fördern und effektiv anzugehen.

4.4 Projektideen

Für eine effektive Digitalisierungsstrategie sind neben der Anlehnung, dem Aufbau und der notwendigen Ressourcen auch wichtig festzulegen, welche Ziele und Projekte angesteuert werden. Im Falle der beschriebenen Strategie für eine Kommune, wäre eine realistische Umsetzung einer Verwaltungsdienstleistung, welche sich für alle öffentlichen Staatsangelegenheiten kümmert, ein Ziel. Mit dem Titel "OneBehörde" würden so gut wie alle möglichen Behörden unter ein Portal wandern und für die Bürgerinnen und Bürger zugänglich gemacht werden. Somit würden beispielsweise die Bundesagentur für Arbeit und der Landesbetrieb für Verkehr kombiniert erreichbar sein. Jede Bürgerin und jeder Bürger hätte direkten Zugriff auf das Portal und könnte sich, bei Notwendigkeit, mithilfe von unterschiedlichsten Methoden, identifizieren. Da die Nutzung von Smartphones von Tag zu Tag immer mehr an Bedeutung gewinnen (Jakob & Krcmar, 2018, S. 141), könnte man hier auf eine externe Lösung für die Identifizierung zurückgreifen. Ein Beispiel hierfür wäre die PostIDENT Applikation der Deutschen Post DHL AG (Deutsche Post, 2022). Diese kann mithilfe der NFC-Funktion auf dem Smartphone den Personalausweis scannen und über die Kamera die Person identifizieren. Somit wäre die Identifizierung nicht mehr umzusetzen, und ein Outsourcing, sprich eine Verlagerung der Tätigkeit, wird vorgenommen. Dies würde kosten sparen, ist schnell und einfach umzusetzen, beruht allerdings auf die Voraussetzung, dass die Bürgerin und Bürger ein Smartphone besitzen. Abseits der Identifizierung wäre das Portal der "OneBehörde" rund um die Uhr erreichbar, da mithilfe von Kooperationen ein System implementiert werden kann, welche die Ressourcen, beispielsweise mit Hilfe von Künstlicher Intelligenz, bietet und somit jederzeit den Bedürfnissen der Nutzer bearbeiten kann. Mithilfe dieser Implementierung werden lange Wartezeiten entfernt, schnelle Erreichbarkeit gefördert und alle staatlichen Angelegenheiten an einen einzigen Ort verlagert. Außerdem wird dies durch das OZG gefördert und andere Regionen, Kommunen und Ländern diese Möglichkeit gegeben, dies auch in ihre Regionen zu implementieren. Somit wird nicht nur in einer Kommune das Leben der Menschen bereichert, sondern mithilfe von Vernetzung und Kooperation bundesweit ausgeweitet.

5 Diskussion

Die Digitalisierung in Deutschland ist ein Thema, welches die Bevölkerung schon lange beschäftigt, da sie sich langsam und träge weiterentwickelt. (Jakob & Krcmar, 2018, S. 141) Während die Bevölkerung sich eigenständig mehr und mehr digitalisiert, mithilfe des Internets, IoT-Produkten aber auch Smartphones und ähnlichem, versucht die Regierung nun Schritt für Schritt ein Fundament an digitaler Transformation aufzubauen. Mit den unterschiedlichsten Strategien werden alle Bereiche der Gesellschaft dazu gefordert, digitaler zu werden und sich auf eine unumgängliche Zukunft vorzubereiten. Speziell der öffentliche Sektor wird durch mehrere Initiativen, wie das OZG, dazu gebracht, eine Digitalisierung zu ermöglichen, welche eventuell für viele Kommunen rein wirtschaftlich noch nicht möglich wären. So auch die Digitalisierungsstrategie, welche in dieser Seminararbeit erläutert wurde. Während darauf beharrt wird, die klassische Organisationsstruktur zu digitalisieren, um vollautomatisierte Prozesse zu ermöglichen, aber viele Instanzen noch nicht mal eine stabile IT-Strategie. Ohne eine schon vorhandene IT-Strategie, kann auch keine digitale Transformation durchgeführt werden (Jakob & Krcmar, 2018, S. 145). Außerdem können kleinere Kommunen die Priorität auf andere Projekte, statt der Digitalisierung widmen. In kleinen Kommunen herrscht oft die Tatsache, dass es zu wenig Fachkräfte für die Digitalisierung gibt. Somit kommt es zum Punkt, dass die Politik oft mit solchen Themen allein gelassen werden und teils keinen Anhaltspunkt haben, wo sie starten sollen und können. Dadurch geraten Themen, wie die Digitalisierung oft in den Hintergrund und der Fokus wird anderen Bereichen gewidmet (Jakob & Krcmar, 2018, S. 146-147). Auch kann es sein, dass die Bevölkerung selber die Priorität in anderen Bereichen sieht, als in der Digitalisierung. Es kann durchaus sein, dass es innerhalb der Kommune weitere Baustellen gibt, die eher eine Aufmerksamkeit benötigen, wie beispielsweise zu wenig Schulen, Krankehäuser oder ähnlichem (Jakob & Krcmar, 2018, S.147), was durch das gezwungene Umsetzen einer Digitalisierung, für Aufruhr sorgen kann und ein Projekt sein kann, welches keinerlei Relevanz trägt. Dadurch wäre ein sehr kostspieliges Projekt gestartet worden, welches nicht genutzt wird und nicht relevant für die Bevölkerung ist. Wie in der Digitalisierungsstrategie erwähnt, könnten Kooperationen mit verschiedenen Unternehmen, eine Hilfestellung für die Implementierung verschiedener Systeme bieten. Dies kann allerdings dazu führen, dass Kommunen abhängig von diesen Unternehmen werden, wodurch sie einen Monopolstatus erlangen können und dadurch Kosten und Nutzung von sich selber abhängig machen könnten. Kooperationen sind ein wichtiger Bestandteil der Digitalisierung, welche aber nur möglich ist, wenn alle beteiligten Parteien aktiv sind und ständig eine Optimierung anstreben. Ein Kooperationspartner, der nur einen Service verkauft und sich dann zurückzieht, kann dazu führen, dass die Digitalisierung in der Kommune ab einem bestimmten Punkt nicht mehr weitergeht (Jakob & Krcmar, 2018, S.147).

Nichtsdestotrotz gibt es eine Menge Digitalisierungsstrategien, welche ähnliche Wege durchläuft und auch schon einiges an Ergebnissen erzielen konnte. Dennoch gibt es Städte, welche immer weiter überlegen, bestimmte Herausforderungen, mithilfe von der digitalen Transformation zu lösen. So stellt sich die Stadt Heilbronn die Frage, inwiefern sie als Kommunen schnell und simpel sich mit den Bürgerinnen und Bürgern in Verbindung setzen können (Stember et al., 2021, S. 21). Aber auch die Stadt Warstein stellt sich als Aufgabe, eine Lösung für für die Chancengleichheit in Schulen mithilfe von digitalen Lösungen zu finden (Stember et al., 2021, S. 22). All diese Städte beschäftigen sich mit digitaler Transformation und erhoffen sich Lösungen für gesellschaftliche Probleme zu finden. Ein anderes Beispiel liefert wieder die Stadt Singapur. Singapur ist im Vergleich zu Kommunen deutlich größer, bietet wesentlich größere wirtschaftliche und technologische Möglichkeiten und andere Rechtsgrundlagen. Dennoch stellt die Stadt Singapur den Menschen in den Mittelpunkt, um baut seine Smart City nach dem Menschen auf (Smart Nation Singapore, 2022b). Beispielsweise bieten sie die Applikation "LifeSG" an, welche einen Service für alle öffentliche Dienstleistungen ist. Mithilfe dieser Applikation ist es beispielsweise möglich, die Geburt eines Kindes zu registrieren, ein Problem in der Nachbarschaft zu melden oder aber auch einen virtuellen Termin mit dem Justizministerium zu buchen (LifeSG, 2022). All diese Möglichkeiten entstehen aufgrund des wirtschaftlichen und technologischen Fortschritts Singapurs, aber auch aus einem zeitlichen Grund, denn Singapur fing früh an mit der Implementierung einer digitalen Infrastruktur und fördert seine Bevölkerung seitdem für die Benutzung der digitalen Services. Auch Kommunen haben die Möglichkeit, mithilfe bundesweiter Unterstützung solche Services anzubieten, benötigen allerdings ein hohes Budget, Fachkenntnisse und einen detaillierten Plan, wie sie solch eine digitale Transformation meistern können.

6   Zusammenfassung und Ausblick

Die Gesellschaft wandelt sich und wird immer digitaler. Von Online-Einkäufen bis hin zu Ticketbuchung über das Smartphone. Ein Trend entwickelt sich, wo Tätigkeiten des Alltages immer komfortabler, einfacher und schneller werden. Die Digitalisierung und die Wandlung klassischer Prozesse ist mittlerweile unumgänglich und nur noch eine Frage der Zeit. Dennoch bestehen Bereiche in Deutschland, die sich träge entwickeln und für viele schon seit längerem eine Transformation bedarf. Laut einer Studie von Statista ist die Digitalisierung in der kommunalen Verwaltung mit 78% die langsamste, während die Medien mit 73% sich am schnellsten entwickeln. (Statista, 2022b) Die Medien sind eine Plattform, um Menschen sehr schnell zu erreichen. Auch deshalb sind sie rasant am wachsen. Als Ausblick für die Zukunft wären somit soziale Medien ein optimaler Weg, Menschen für Digitalisierung zu animieren und sie auch über diesen Kanal miteinzubeziehen für kommunale Digitalisierung. Die Menschen im Mittelpunkt sind ein wichtiger Bestandteil der dargestellten Digitalisierungsstrategie und müssen nicht nur vorbereitet sein auf die digitale Transformation, sondern müssen ein Teil der Wandlung sein. Ihre Meinung und Ideen sollten ein Kernaspekt der Strategie sein, denn letztendlich sind sie es, die den Service in der öffentlichen Verwaltung nutzen werden. Außerdem müssen die ersten Schritte unternommen werden, damit Schritt für Schritt die Digitalisierung fahrt nimmt. Hierbei ist es wichtig, nachdem die Bürgerinnen und Bürger darauf vorbereitet wurden, erste Kooperationen mit verschiedenen Instanzen vorzunehmen. Dazu zählen andere Kommunen, welche auch eine digitale Transformation durchmachen, aber auch Unternehmen, welche den Kommunen Unterstützung bieten können für eine Umstellung auf technische Services. Des weitern könnte man erste Stellenausschreibungen für IT-Fachkräfte ausstellen oder diese Berufe fördern, ohne andere Berufe in Benachteiligung zu bringen. Alternativ gebe es sonst auch die Möglichkeit, Fachkräfte ausserhalb der Kommune zu beschäftigen durch remote Arbeiten. Auch dies ist mithilfe von Kooperationen unterschiedlicher Kommunen und Unternehmen möglich. Letzteres ist auch zu erwähnen, dass sich die Kommunen stark mit der IT und dessen Trends beschäftigen muss. Themenfelder wie KI, 5G, Virtual oder auch Augmented Reality sind wichtige Aspekte der aktuellen Technologie und in jeder Branche einsetzbar (Streicher, 2020, S. 283). Große Städte wie Singapur bauen schon auf diese Technologien auf (Smart Nation Singapore, 2022b) und nutzen diese als Fundament einer sich ständig weitertransformierenden Stadt. Eine Digitalisierungsstrategie hat kein Rezept oder eine Anleitung. Sie baut auf individuelle Verhältnisse und Möglichkeiten auf und sollte immer auf die Menschen aufbauen. Sie soll dazu dienen, den Alltag lebenswerter zu gestalten, aber auch Kooperation, Zusammenarbeit und Vernetzung fördern. Mithilfe eines gut durchdachten Plans, einer Vision und Fachkenntnissen, kann eine Digitalisierungsstrategie effektiv angewandt werden und somit auch Kommunen irgendwann auf den Stand eines Smart Citys bringen.

Literaturverzeichnis

Bundesministerium des Innern und für Heimat. (2022). *Das Onlinezugangsgesetz.* Abgerufen am 30. August 2022, von https://www.onlinezugangsgesetz.de/Webs/OZG/DE/grundlagen/info-ozg/info-ozg-node.html

Bundesregierung. (2021, 16. Juni). *Bundesregierung beschließt Datenstrategie.* Webseite der Bundesregierung. Abgerufen am 29. August 2022, von https://www.bundesregierung.de/breg-de/themen/digitalisierung/datenstrategie-beschlossen-1842786

Der Tagesspiegel. (2022, 24. April). *Digitalisierungspläne wohl umsonst ausgearbeitet: Gesundheitsministerium verweigert dem RKI offenbar wichtige Reformgelder.* Abgerufen am 29. August 2022, von https://www.tagesspiegel.de/politik/digitalisierungsplaene-wohl-umsonst-ausgearbeitet-gesundheitsministerium-verweigert-dem-rki-offenbar-wichtige-reformgelder/28274298.html

Deutsche Post. (2022). *Wie funktioniert die Identifizierung mit der Online-Ausweisfunktion des deutschen Personalausweises?* Abgerufen am 30. August 2022, von https://www.deutsche-post.de/de/p/postident/privatkunden/identifikation-mit-eid.html

Freie und Hansestadt Hamburg. (2021, 6. Oktober). *Smart City Index: Hamburg wieder auf Platz 1.* hamburg.de. Abgerufen am 30. August 2022, von https://www.hamburg.de/pressearchiv-fhh/15455436/2021-10-06-sk-smart-city-index/

IBM. (2022). *Lösungen für den öffentlichen Sektor.* IBM Deutschland. Abgerufen am 30. August 2022, von https://www.ibm.com/de-de/industries/government

Institut für den öffentlichen Sektor e.V. (2021). PublicGovernance Zeitschrift für öffentliches Management. *Verwaltung digital – doch wer macht's?*, *Frühjahr 2021*, 6–7. https://publicgovernance.de/media/PG_Fruehjahr_21_IT_Personal.pdf

Jakob, M. & Krcmar, H. (2018). Which barriers hinder a successful digital transformation in small and medium-sized municipalities in a federal system? *Central and Eastern European eDem and eGov Days*, *331*, 141–150. https://doi.org/10.24989/ocg.v331.12

LifeSG. (2022). *LifeSG.* Abgerufen am 30. August 2022, von https://www.life.gov.sg

Matt, C., Hess, T. & Benlian, A. (2015). Digital Transformation Strategies. *Business Information Systems Engineering*, *57*(5), 339–343. https://doi.org/10.1007/s12599-015-0401-5

Mergel, I., Edelmann, N. & Haug, N. (2019). Defining digital transformation: Results from expert interviews. *Government Information Quarterly*, *36*(4), 1–16. https://doi.org/10.1016/j.giq.2019.06.002

Niehaves, B., Röding, K. & Oschinsky, F. M. (2019). Structural Features of Digital Strategies for Municipalities. *The Art of Structuring*, 427–437.

Plattner, R. (2021). *Digitales Verwaltungshandeln: Rechtliche Aspekte der Digitalisierung in der öffentlichen Verwaltung* (1. Aufl.). sui generis Verlag.

SAP. (2022). *SAP GOVERNMENT RELATIONS Deutschland.* Abgerufen am 30. August 2022, von https://discover.sap.com/government-relations/de-de/index.html

Smart Nation Singapore. (2022a). *Opportunities & Help for the Community.* Abgerufen am 30. August 2022, von https://www.smartnation.gov.sg/community/opportunities

Smart Nation Singapore. (2022b). *Transforming SG Through Tech.* Abgerufen am 30. August 2022, von https://www.smartnation.gov.sg/about-smart-nation/transforming-singapore

Statista. (2022a, Mai 4). *Digitalisierungsgrad der EU-Länder nach dem DESI-Index 2021.* Abgerufen am 29. August 2022, von https://de.statista.com/statistik/daten/studie/1016565/umfrage/digitalisierungsgrad-der-eu-laender-nach-dem-desi-index/

Statista. (2022b, Juni 2). *Bewertung der Digitalisierung in Deutschland von der Generation Mitte* 2021. https://de.statista.com/statistik/daten/studie/1280822/umfrage/bewertung-der-digitalisierung-von-der-generation-mitte/

Stember, J., Eixelsberger, W., Spichiger, A., Neuroni, A., Habbel, F. R. & Wundara, M. (2021). *Aktuelle Entwicklungen zum E-Government.* Springer Publishing.

Streicher, H. W. (2020). *Digitale Transformation in der öffentlichen Verwaltung: Praxishandbuch für Projektleiter und Führungskräfte* (1. Aufl. 2020 Aufl.). Springer Gabler.

Vogel, H. J., Weißer, K. & D.Hartmann, W. D. (2017). *Smart City: Digitalisierung in Stadt und Land.* Springer Publishing.